AF498302

ESCRIME

À LA BAÏONNETTE

EN USAGE

DANS LE RESSORT DE LA 9ᵉ DIVISION MILITAIRE.

PERPIGNAN.

IMPRIMERIE DE JEAN-BAPTISTE ALZINE,

rue des Trois-Journées, 1.

1850.

ESCRIME
A LA BAÏONNETTE

EN USAGE
DANS LE RESSORT DE LA 9e DIVISION MILITAIRE.

Extrait de l'instruction provisoire pour les chasseurs d'Orléans.—École du soldat, n° 245.

1. Les hommes seront placés sur un rang, à quatre pas d'intervalle les uns des autres, afin qu'ils ne puissent pas se rencontrer dans les voltes.

2. Le soldat étant placé au port d'armes de sous-offi-cier, l'instructeur commandera :

1. *Garde contre l'infanterie,*
2. ASSUREZ GARDE.

Un temps et deux mouvements.

Premier mouvement.

3. Faire un demi à droite en tournant sur les deux talons, les pieds en équerre; élever en même temps un peu l'arme, la saisir avec la main gauche au-dessus et près de la capucine.

Deuxième mouvement.

4. Se fendre perpendiculairement, en arrière de la par-tie droite, à cinquante centimètres, le talon droit sur le prolongement du gauche, les jarrets un peu ployés, le poids du corps portant également sur les deux jambes;

4

abattre l'arme avec les deux mains, le canon en dessus, le coude gauche appuyé au corps; empoigner en même temps l'arme au-dessous de la sous-garde avec la main droite, les bras pendant naturellement, la baïonnette légèrement élevée.

Portez vos armes.

5. Redresser l'arme avec la main gauche, la placer contre l'épaule droite et rapporter en même temps le talon droit sur l'alignement du gauche, en revenant face en tête.

Garde contre la cavalerie.

Un temps et deux mouvements.

6. Premier et deuxième mouvements comme la garde contre l'infanterie, à l'exception que la main droite sera fixée à la hanche et la baïonnette à hauteur de l'œil, comme dans le mouvement de croiser la baïonnette.

7. Les hommes placés dans l'une des positions indiquées ci-dessus exécuteront les mouvements suivants :

1. *Face à droite (ou à gauche),*

2. A DROITE (OU A GAUCHE.)

8. Tourner sur le talon gauche, en élevant la pointe du pied; faire face à droite (ou à gauche); porter en même temps le pied droit en arrière à 50 centimètres.

1. *Demi-tour à droite,*

2. A DROITE.

9. Au deuxième commandement, tourner à droite sur le talon gauche, en élevant un peu la pointe du pied; faire face en arrière sans déranger la position de l'arme, et rapporter le pied droit en arrière et à 50 centimètres du gauche.

5

1. *Demi-tour à gauche,*
2. A GAUCHE.

10. Tourner à gauche sur le talon gauche, à l'inverse de ce qui a été prescrit ci-dessus.

1. *Un pas en avant,*
2. MARCHE.

11. Marcher du pied gauche 50 centimètres en avant; faire suivre aussitôt le droit à sa distance.

1. *Un pas en arrière,*
2. MARCHE.

12. Rompre du pied droit 50 centimètres en arrière; ramener aussitôt le pied gauche à 50 centimètres du droit.

1. *Un pas à droite,*
2. MARCHE.

13. Jeter le pied droit à 50 centimètres à droite dans la même direction; porter aussitôt le pied gauche devant, à sa distance et à sa position.

1. *Un pas à gauche,*
2. MARCHE.

14. Jeter le pied gauche à 50 centimètres à gauche; ramener aussitôt le pied droit à sa distance et à sa position.

1. *Double passe en avant,*
2. MARCHE.

15. Jeter le pied droit à 50 centimètres en avant du gauche; rapporter vivement le pied gauche à 50 centimètres en avant, et conserver sa garde.

1. *Double passe en arrière,*

2. MARCHE.

16. Jeter le pied gauche à 33 centimètres en arrière du droit ; rapporter vivement le pied droit à 50 centimètres en arrière, en conservant sa garde.

1. *Volte-face à droite,*

2. MARCHE.

17. Rapprocher l'arme du corps avec la main gauche, le canon vis-à-vis l'épaule gauche, sans déranger la main droite ; tourner à droite sur la pointe du pied droit ; jeter le pied gauche perpendiculairement en arrière, à 50 centimètres ; achever la volte sur la pointe du pied gauche, et rapporter le pied droit en arrière à sa distance ; se mettre en même temps en garde.

1. *Volte-face à gauche,*

2. MARCHE.

18. Tourner à gauche sur la pointe du pied droit ; porter le pied gauche perpendiculairement en arrière, à 50 centimètres, et achever la volte à l'inverse de ce qui est prescrit ci-dessus.

19. Quand les tirailleurs, affermis dans les diverses positions, exécuteront avec précision et légèreté les divers pas et les voltes, on leur apprendra à se servir du jeu de leur arme pour l'attaque et la défense.

1. *En quarte, parez,*

2. ARME.

20. Au deuxième commandement, élever le bout du canon de 33 centimètres avec la main gauche, sans dé-

ranger la droite ; faire en même temps une opposition de fer à gauche d'environ 16 centimètres, et rester dans cette position.

Reprenez—GARDE.

21. Baisser vivement la main gauche sans déranger la droite et ramener l'arme à la position de la garde.

22. Chaque fois que l'instructeur fera exécuter les parades et les pointés, il fera toujours reprendre la garde, à la fin de chaque mouvement, par le commandement de *reprenez garde*.

1. *En tierce, parez,*
2. ARME.

23. Élever vivement l'arme de 33 centimètres avec la main gauche, sans déranger la droite; faire en même temps une opposition de fer de 16 centimètres à droite.

1. *En prime, parez,*
2. ARME.

24. Élever l'arme des deux mains, les bras allongés de toute leur longueur, l'arme couvrant la tête, la platine tournée vers le corps, la baïonnette menaçante (quoique légèrement inclinée à gauche), la capucine à hauteur du sommet de la coiffure.

1. *En prime à droite (ou à gauche), parez,*
2. ARME.

25. Avancer l'épaule gauche ou l'épaule droite, et parer prime à droite ou à gauche.

1. *En quarte, pointez,*
2. ARME.

26. Au deuxième commandement, porter le poids du corps en avant, ployer le jarret gauche et tendre le droit; allonger le bras gauche de toute sa longueur, les doigts de la main gauche ouverts et soutenant l'arme, la crosse devant le téton gauche, la platine en dessous, et rester dans cette position jusqu'au commandement de reprenez garde.

1. *En tierce, pointez,*

2. Arme.

27. Porter le haut du corps en avant, tendre le jarret droit et ployer le gauche; allonger le bras gauche de toute sa longueur, les doigts de la main gauche ouverts et soutenant l'arme; tourner la platine en dessus, la crosse devant le téton droit.

1. *En prime, pointez,*

2. Arme.

28. Élever l'arme des deux mains, les bras allongés, la sous-garde en dessus, le canon entre les doigts de la main gauche; ployer le jarret gauche et tendre le droit; lancer en même temps l'arme à son adversaire, en pointant à la hauteur d'un homme à cheval.

1. *En prime à droite (ou à gauche), pointez,*

2. Arme.

29. Avancer l'épaule gauche ou l'épaule droite, et pointer à gauche ou à droite.

1. *Coup lancé.*

2. Lancez arme.

30. Au deuxième commandement, jeter le haut du corps en avant, en ployant sur le jarret gauche et tendant le droit; lancer rapidement l'arme à son adversaire de toute la longueur du bras droit, l'abandonner de la main gauche en pointant et reprendre la garde.

31. Chaque fois que les hommes seront en garde contre l'infanterie, ils pointeront à hauteur de la poitrine; en garde contre la cavalerie, ils dirigeront leur coup à hauteur de la tête du cheval ou vers les flancs du cavalier.

32. Quand les hommes connaîtront parfaitement les divers pas, les parades et les pointés, on les leur fera réunir et exécuter au commandement de marche. Exemple :

1. *Double-passe en avant, en prime, parez et pointez,*

2. Marche.

33. Au deuxième commandement, le soldat exécutera la double passe, parera et pointera en prime.

34. Comme on doit supposer le cas où un homme sera forcé de se défendre à la fois contre deux ou trois ennemis, on fera exécuter les doubles mouvements et les doubles pointés, ce qui ajoutera considérablement à l'adresse et à l'agilité du soldat. Exemple :

1. *Un pas en avant, coup lancé, volte-face à gauche, en quarte, parez et pointez,*

2. Marche.

35. Au deuxième commandement, marcher en avant, lancer le coup, exécuter la volte-face, parer et pointer en quarte.

PARADES SUPPLÉMENTAIRES.

PARADES DE CORPS.

36. Les hommes étant en garde contre la cavalerie, l'instructeur commande :

1.

1. *En cercle, à droite, parez,*

2. Arme.

37. Au deuxième commandement, abaisser vivement l'extrémité de l'arme vers la gauche du corps, la pointe de la baïonnette à environ 50 centimètres du sol; élever la main droite à hauteur de la tête, en tournant le canon en dessous; décrire un arc de cercle de gauche à droite, la main gauche dirigeant le mouvement pour rejeter brusquement vers la droite toute arme qui menacerait le ventre ou les cuisses; reprendre vivement la position de garde.

On évitera de toucher la terre avec la baïonnette.

2.

1. *En cercle, à gauche, parez,*

2. Arme.

38. Cet exercice s'exécute comme le précédent, et d'après les mêmes principes, en décrivant un arc de cercle de droite à gauche pour rejeter l'arme vers la gauche.

3.

1. *Quarte basse, parez,*

2. Arme.

39. Fléchir vivement sur les jambes pour se rapprocher de terre ; redresser l'arme verticalement, la baguette en avant, la pointe de la baïonnette en l'air ; passer rapidement de droite à gauche, la crosse du fusil devant le corps, pour détourner brusquement à gauche un coup d'estoc dirigé vers les jambes ; reprendre vivement la position de garde.

PARADES DE TÊTE.

40. Ces parades très simples et que tout homme exécute naturellement, s'il est porteur d'un bâton, lorsqu'on menace sa tête, servent à parer avec le fusil les coups de sabre dirigés sur la tête ou sur les épaules. L'instructeur commande :

1.

1. *Tête en avant, parez,*
2. Arme.

41. Au deuxième commandement, élever vivement le bras en l'air, à 16 centimètres en avant et au-dessus du sommet de la tête, le fusil horizontalement placé, la pointe de la baïonnette à gauche, la baguette en l'air, la main gauche tenant le canon un peu en avant de la capucine avec le pouce et les doigts fermés, la main droite à la poignée, les yeux fixés sur l'arme entre les deux mains ; reprendre vivement la position de garde.

2.

1. *Tête à droite, parez,*
2. Arme.

42. Au deuxième commandement, élever rapidement l'arme à 16 centimètres à droite et au-dessus du sommet de la tête, la pointe de la baïonnette en avant, la baguette en l'air, le haut du corps et la tête tournés à droite, les mains placées à droite (comme à l'exercice précédent), les yeux fixés sur l'arme entre les deux mains ; reprendre la position de garde.

3.

1. *Tête à gauche, parez,*

2. ARME.

43. Au deuxième commandement, tourner rapidement le haut du corps à gauche en élevant le talon droit, le genou gauche un peu fléchi ; porter l'arme en l'air à gauche, la pointe de la baguette en arrière, les yeux fixés sur l'arme entre les deux mains ; reprendre vivement la position de garde.

SUPPLÉMENT

A L'ÉCOLE DES TIRAILLEURS.

Extrait de l'instruction provisoire pour les chasseurs d'Orléans.

44. Le peloton étant formé sur deux rangs (le troisième rang forme la réserve), lorsqu'il devra se déployer en tirailleurs, le capitaine le fera numéroter de la droite à la gauche, de manière que chaque homme connaisse son numéro dans son rang ; il fera aussi marquer les sections et les demi-sections, en observant que la première section soit toujours formée d'un nombre pair de files.

45. Les files impaires et paires, côte à côte, formeront une agglomération de quatre hommes, qu'on désignera sous le nom de *camarades de combat.*

46. Le peloton ainsi formé se déploie en tirailleurs par l'un des moyens prescrits dans l'instruction sur les tirailleurs, n⁰ 24 et suivants.

Ralliements.

47. Un peloton de tirailleurs se rallie pour résister à l'ennemi ; les ralliements se font au pas de course et la baïonnette au canon 1.

48. Il y a plusieurs sortes de ralliements que le chef de la ligne appliquera aux circonstances.

---

1 Course de vélocité.

49. Si la ligne, soit en marchant, soit de pied ferme, est seulement inquiétée par des cavaliers en fourrageurs, il ne sera pas nécessaire de la replier sur la réserve; le capitaine fera mettre la baïonnette au canon si elle n'y est déjà.

50. Si les cavaliers s'avançaient pour charger les tirailleurs, le capitaine commandera :

Ralliement par quatre.

51. À ce commandement, la ligne s'arrêtera si elle est en marche; les quatre *camarades de combat* exécuteront ce ralliement de la manière suivante : l'homme du premier rang de la file paire prendra la position de garde contre la cavalerie, en se tendant en avant de la partie gauche. Celui du deuxième rang de la file impaire prendra la même position, mais en sens inverse, en lui tournant le dos; il placera son pied droit à 33 centimètres du sien. L'homme du premier rang de la file impaire et celui du second rang de la file paire se placeront également dos à dos dans la même position et entre les deux hommes déjà établis. Les pieds droits seront réunis, formant un carré et se servant d'appui. Ces quatre *camarades de combat* apprêteront leurs armes, feront feu selon la position qu'ils occupent et chargeront sans bouger les pieds.

52. Si le capitaine jugeait ces petits carrés trop faibles, et que cependant il voulût conserver sa position en renforçant davantage sa ligne, il commandera :

Ralliement par demi-section.

53. A ce commandement, les chefs de demi-section se porteront rapidement aux groupes du centre de leur demi-

section ou sur un autre groupe de l'intérieur, dont la position offrirait un abri ou une position plus avantageuse; les tirailleurs partiront au pas de course[1] pour s'agglomérer, sans distinction de numéro, sur ce groupe. Les hommes composant les groupes, base du mouvement, se formeront de suite en petits carrés, apprêteront les armes, la baïonnette en l'air; les autres tirailleurs, à mesure qu'ils arriveront, se placeront à la même position dans les quatre angles vides laissés entre les quatre premiers et successivement autour de ce premier noyau, de manière à former promptement un cercle plein. Le mouvement achevé, les hommes abaisseront la baïonnette, feront feu, chargeront les armes sans bouger et feront la meilleure défense.

54. Le capitaine se portera rapidement avec sa garde à celui des groupes où il jugera sa présence plus utile.

55. Les officiers et sous-officiers veilleront avec la plus grande attention à ce que leur groupe ne se dégarnisse pas de son feu, et aussi à ce que le feu ne soit dirigé que sur les points seuls où il doit être efficace.

56. Si le capitaine ou le commandant d'une ligne de tirailleurs, formée de plusieurs sections, juge que le ralliement par demi-section n'offre pas assez de résistance, il fera exécuter le ralliement par sections. A cet effet il commandera :

Ralliement par sections.

57. Ce mouvement s'exécutera d'après les mêmes principes et par les mêmes moyens que le ralliement par demi-

---

[1] Course de vélocité.

section. Les chefs de sections se conformeront à ce qui est prescrit pour les chefs de demi-sections.

58. Le peloton étant rallié par sections, par demi-sections ou par quatre, si le capitaine veut reformer la ligne de tirailleurs, il commandera :

1. *En tirailleurs*,

2. Marche.

59. Au deuxième commandement, les hommes reprendront vivement la place qu'ils occupaient avant le ralliement.

60. Le capitaine voulant rallier les tirailleurs sur la réserve, commandera :

Ralliement sur la réserve.

61. Ce mouvement sera exécuté comme il est expliqué à l'école de tirailleurs (art. 114 et suivants.)